Gernot Candolini
Schule der Kinder

Gernot Candolini

Schule
der Kinder

Leben und Lernen
mit Montessori

Kösel

Inhalt

Einleitung

Immer wieder und zu allen Zeiten sind neue Schulkonzepte entstanden, die versuchen, den Kindern eine möglichst gute Ausbildung auf den Lebensweg mitzugeben. Einer der bekanntesten und verbreitetsten pädagogischen Ansätze wurde von der italienischen Ärztin Maria Montessori entwickelt. Ihr Grundgedanke war, den Kindern in ihrer natürlichen Entwicklung zu folgen, ihrem Lernwillen völlig zu vertrauen und Kindergarten und Schule möglichst an den Bedürfnissen der Kinder zu orientieren.

Maria Montessori war oft selbst fasziniert und überwältigt von ihren Entdeckungen, die sie dadurch machte, dass sie Kinder beobachtete und darauf warten konnte, was aus ihnen hervorbrach. Sie sprach von Wundern, vom Zauber, von Offenbarungen und von der Heiligkeit des Kindes, und manche ihrer Äußerungen klingen allzu überschwänglich.

Aber wer sich in gleicher Weise Kindern nähert, wird die gleichen Entdeckungen machen. Ich saß tagelang in Montessori-Schulen, beobachtete still, fotografierte und kam aus dem Staunen oft nicht heraus. Was für eine Betriebsamkeit, was für eine Gruppendynamik, was für eine Disziplin, was für eine Arbeitsmoral, was für eine Konzentration, ja was für ein Leben und was für eine Liebe! Für mich gibt es keinen Zweifel mehr, dass ich hier eine Schule mit Kindern und für Kinder gesehen habe.

Ich konnte mit den Bildern und Texten nur Streiflichter einfangen. Einen Eindruck dessen, was passiert, wenn Kinder respektvoll begleitet werden. Augenblicke davon, was Schule wirklich sein kann und sein sollte: ein Ort des Lebens in Fülle.

Gernot Candolini, im Sommer 2006

Maria Montessoris Lebenslauf

Maria Montessori wurde 1870 in Chiaravalle bei Ancona geboren und promovierte als erste Frau Italiens in Medizin. In ihrer anschließenden Arbeit an der psychiatrischen Klinik in Rom mit behinderten Kindern begann sie konkretes Lernmaterial zu entwickeln. Die dabei erzielten Erfolge weckten in ihr den Gedanken, dass diese Materialien bei normal begabten Kindern genauso gut funktionieren müssten. Um das auszuprobieren, nahm sie 1907 das Angebot an, in einer Arbeitersiedlung eine Kinderbetreuungseinrichtung zu eröffnen. Durch die Beobachtung der Kinder wurde ihr immer klarer, dass die Lernschritte der Kinder einem inneren Bedürfnis folgen, das, wenn es ungestört blieb und klug ausgewählte Anregungen bekam, zu beeindruckenden Ergebnissen führte. Ihr Kinderhaus wurde rasch berühmt und Maria Montessori wurde zu zahlreichen Vortragsreisen eingeladen. Viele Kindergärten und Schulen in ganz Europa begannen ihr pädagogisches Konzept nach den Richtlinien der Montessori-Pädagogik umzustellen.

   Da ihren Grundgedanken jedoch ein freies, selbstverantwortetes und mündiges Menschenbild zugrunde liegt, wurde ihre Pädagogik in faschistisch geprägten Staaten verboten – in Deutschland schon ab 1933. 1939 übersiedelte Maria Montessori nach Indien, wo sie ihre Arbeit weiterentwickeln konnte. Kriegsbedingt kehrte sie erst 1949 endgültig nach Europa zurück und hielt

Vorträge und Montessori-Ausbildungskurse. In dieser Zeit entstanden vor allem in Holland neue Montessori-Einrichtungen, Ende der 50er-Jahre und später auch in Amerika. Maria Montessori starb 1952 in Noordwijk in Holland.

In den letzten Jahren erwachte besonders im skandinavischen und deutschsprachigen Raum ein neues Interesse an der von ihr begründeten Pädagogik.

© akg-images

Das Wesen der Montessori-Pädagogik

Menschen sind unendlich neugierig. Ihre Gier nach Neuem lässt sie schauen, greifen, tasten, gehen, schreiben, lesen, rechnen und tausend andere Dinge tun. Jeder Mensch lernt nach seiner eigenen inneren Uhr und sucht Antworten nach den Fragen, die aus seinem Inneren auftauchen. Eine grundlegende Erfahrung dabei ist es, dass wir erst etwas selbst tun, spüren und anfassen müssen, ehe das Wissen wirklich in uns ist. Montessori-Pädagogik vertraut dem inneren Drang der Kinder. Sie sieht das Aufblitzen der Aufmerksamkeit, sie schafft Raum für die Tiefe der Konzentriertheit, sie achtet auf das Tempo der Einzelnen, sie schätzt den Ausgleich der Stille und des Ruhens und lässt den Fluss der Bewegung fließen.

Damit eine grundlegende Freiheit möglich ist, muss der Erwachsene den ordnenden Rahmen sorgsam ziehen. Die Regeln des Miteinanders sind einfach und klar. Die Umgebung ist vorbereitet und die Lernmaterialien sind ausgearbeitet und bereitgestellt. Ist eine Aufgabe nicht selbsterklärend, wird sie vorgezeigt und dargeboten. Jede Arbeit beginnt im Großen und führt zum Kleinen, beginnt im Ganzen und führt zum Detail, beginnt im Konkreten und führt zum Abstrakten. Das Wissen über mein Dorf beginnt bei den Planeten. Kubieren beim Zählen von Perlen und das Erkennen des Adjektivs bei den Tierfiguren des Bauernhofes.

Die große Bitte der Kinder an die Lehrpersonen lautet: »Hilf mir, es selbst zu tun.« Die Erwachsenen sind aufgefordert zu einem »heiligen« Respekt: in der Wahl der Worte, der Aufmerksamkeit, der Zuwendung und dem Ton. Respekt ist die beste Nahrung für die Seele, die wir einander geben können. Dann wird Schule zu einem Ort des üppigen Aufblühens und Wachsens. Ein Ort, wo die Bitte der Kinder noch größer ist: »Hilf mir, ich selbst zu werden.«

Das Bild und der Rahmen

Der Mensch ist der Baumeister seiner selbst.

Das heißt, dass das Kind seine Arbeit frei wählen kann.
Dazu gehört: Was mache ich, mit wem, wo und wie lange?

Freiheit entfaltet sich in einem Rahmen.

Das heißt, dass das Kind sich an Grundregeln hält.
Dazu gehören: Wir tun einander nicht weh. Wir stören niemanden bei der Arbeit. Was wir beginnen, schließen wir auch ab.

Wissen braucht Nahrung.

Das heißt, dass dem Kind eine Umgebung vorbereitet wird.
Dazu gehört: Die Umgebung ist dem Kind angepasst, geordnet, überschaubar und ästhetisch. Das Arbeitsmaterial soll zum Tätigwerden auffordern.

11

Die inneren Grundlagen

Jeder Mensch trägt in sich einen Bauplan, der ein bestimmtes Entwicklungs-
muster hat. Jedes Kind hat den gleichen Plan, folgt diesem jedoch in seiner
individuellen Zeit und Ausprägung. Jedes Kind lernt Krabbeln, Stehen und
Gehen, und zwar ganz von allein. Gleiches gilt für Schreiben, Lesen und Rechnen. Der einzige Unterschied ist, dass es zur Entwicklung der zweitgenannten
Fertigkeiten anregendes Material braucht: Buchstaben, Texte und Rechenmate-
rialien. Kinder müssen nicht dazu angehalten werden zu lernen – sie tun es,
weil sie es tun wollen.

Die sensiblen Phasen

Sensible Phasen sind Zeitfenster, in denen Kinder für einen gewissen Lernschritt offen und bereit sind. Zum Beispiel gibt es zwischen vier und sechs Jahren die sensible Phase für Buchstaben. In dieser Zeit lernen Kinder diese sehr schnell und nachhaltig. Eine sensible Phase für äußere Formen von Recht und Ordnung liegt zwischen zwölf und fünfzehn Jahren. Das ist daher auch die beste Zeit, die Rechtschreibung zu festigen.

Polarisation der Aufmerksamkeit und absorbierender Geist

Maria Montessori führte diese Begriffe ein, weil sie beobachtete, dass Kinder in besonderen Augenblicken ein höchstes Maß an Konzentration entwickeln können, um etwas ganz Bestimmtes zu erlernen. Es ist eine vollständig zentrierte Aufmerksamkeit, in der Kinder wie ein trockener Schwamm einen bestimmten Wissensinhalt aufsaugen. Gelingt es, diese besonderen Augenblicke durch gutes Material zu ermöglichen, wird dieses Wissen nicht erlernt, sondern angeeignet.

13

Die Rolle des Lehrers

Die Montessori-Pädagogik entwirft ein neues Bild des Unterrichtens. Die Lehrperson tritt als Wissensvermittler und Wissenskontrolleur zurück. Ihre Hauptaufgabe besteht darin, dem Kind zu helfen, den Kontakt zu den Materialien, mithilfe derer Wissen erforscht und erworben werden kann, herzustellen. Ist der Kontakt gelungen, arbeitet das Kind selbstständig, und die Lehrperson zieht sich zurück.

Alle Arbeiten, die das Kind macht, werden dokumentiert, aber nicht benotet. Die Lehrperson hat die Aufgabe, einen generellen Überblick zu behalten, damit kein Kind einen wesentlichen Lernschritt übersieht.

Die Lehrperson kommt zum Kind, wenn ein Lehrmaterial eine einführende Anleitung braucht, wenn das Kind nicht weiterweiß oder wenn verschiedene Möglichkeiten des Arbeitsresultates besprochen werden. Über die vorhandene Grundausstattung einer Schule hinaus erstellt die Lehrperson neue Materialien, wenn das Interesse eines Kindes für ein neues Wissensgebiet erwacht ist.

Die neue Herausforderung an das Lehrersein hat Maria Montessori selbst so ausgedrückt:

Der Lehrer muss das Kind, das arbeitet, respektieren, ohne es zu unterbrechen.

Er muss das Kind, das Fehler macht, respektieren, ohne es zu korrigieren.

Er muss das Kind respektieren, das sich ausruht und das den anderen bei der Arbeit zusieht, ohne es zu stören, ohne es anzurufen, ohne es zur Arbeit zu zwingen.

Der Lehrer muss seine Gegenwart das Kind spüren lassen, das sucht, und sich verbergen vor dem, das gefunden hat.

Integration

Da Montessori-Pädagogik jedem Kind sein eigenes Lerntempo zugesteht, ist es sehr einfach, Kinder mit besonderen Bedürfnissen zu integrieren. Bei Besuchen in Montessori-Schulen fallen diese Kinder zunächst gar nicht auf, so selbstverständlich ist ihre Zugehörigkeit. Auch der heute große Anteil an wahrnehmungs- oder teilleistungsschwachen Kindern wird in einer Montessori-Schule viel leichter integriert als in einer pädagogischen Einrichtung, die an alle eine gleiche Messlatte anlegt. Das bedeutet gleichzeitig auch, dass Kinder mit besonderen einzelnen Fähigkeiten nicht aufgehalten werden, sondern ihren Interessen und Begabungen folgen können.

Faszinierend ist der dadurch entstehende Informationsaustausch der Kinder untereinander, aber auch zwischen Kindern, Lehrpersonen und Eltern, wenn neue Erkenntnisse oder Spezialgebiete erforscht und kommuniziert werden.

Integration wird aber auch dadurch umfassender gelebt, indem jedes Kind und jeder Erwachsene herausgefordert ist, seine eigenen Schwächen und Gaben konkreter wahrzunehmen und zu integrieren.

Der Weg, den die Schwachen gehen, um sich zu stärken, ist der gleiche, den die Starken gehen, um sich zu vervollkommnen.

Maria Montessori

17

Was ist wirklich anders in einer Montessori-Schule?

◇ Dass Kinder selten auf Schulbänken sitzen?
◇ Dass keine Glocke läutet?
◇ Dass es keine Fächer und keine Klassen gibt?
◇ Dass wenig Hausaufgaben gestellt werden?
◇ Dass es keine Noten gibt?
◇ Dass kein Nachhilfeunterricht vorgesehen ist?
◇ Dass kaum Frontalunterricht stattfindet?
◇ Dass es kein Drohen, kein Beschämen, kein Sitzenbleiben gibt?
◇ Dass die Kinder trotzdem lernen – und oft noch viel mehr, als im Lehrplan steht?

Das alles spielt ein wenig eine Rolle. Aber der wirkliche Unterschied ist die Atmosphäre. Sie ist nicht immer da, aber irgendwann am Tag geschieht es immer, und es ist wie ein Wunder. Wie in einem Bienenhaus beginnt die Schule zu summen. Die Kinder arbeiten, sie arbeiten mit Freude, mit heiligem Ernst, mit konzentrierter Aufmerksamkeit. Immer wenn ich es erlebe, frage ich mich: »Was ist hier eigentlich los?« Worte können es nur annähernd beschreiben.

Manchmal können es Bilder besser. Vielleicht fallen Ihnen die Hände auf in den Bildern, oder die Stimmung in den Gesichtern der Kinder.

Manchmal wird die Frage gestellt, ob Kinder in Montessori-Schulen bessere SchülerInnen seien. Meine Antwort ist: »Nein, sie sind gleich gut wie in den anderen Schulen, aber sie sind glücklicher.«

Wünsche und Ziele

Was sollen Kinder können, wenn sie die Schule verlassen, was wünschen wir ihnen für ihr Leben?

Ich wünsche ihnen ein gut geschultes Gewissen. Deshalb soll Schule ihre Eigenständigkeit fördern und ihre Selbstverantwortung herausfordern.

Ich wünsche ihnen Mut. Deshalb soll Schule zu Fehlern ermutigen und keine Beurteilung machen, die aus dem Zählen von Fehlern besteht. Schule soll die Kinder nicht zum kleinstmöglichen Risiko erziehen. Aus vielen Fehlern kann man viel lernen.

Ich wünsche ihnen einen beweglichen Geist. Deshalb soll Schule Bewegung ermöglichen, wo immer es geht, innerhalb und außerhalb der Schulräume. In dieser schnell sich verändernden Welt soll Schule zur Beweglichkeit erziehen.

Ich wünsche ihnen die Fähigkeit zur Kommunikation. Deshalb soll Schule Gespräche untereinander und jede Form der Teamarbeit fördern.

Ich wünsche ihnen, dass sie Ja sagen können, wo sie Ja meinen, und Nein, wenn sie unsicher sind oder etwas nicht wollen. Deshalb muss Schule ihnen mit Respekt begegnen, ihre Bedürfnisse achten und ihrem Werden vertrauen.

Im Kreis ist jeder gleich.

Im Kreis hat alles seinen Anfang.

Mein Sein,

meine Aufgabe,

mein Vorhaben.

Alles Wissen beginnt konkret.

Damit das Abstrakte

Hand und Fuß hat.

Aus Handrechnen wird Kopfrechnen.
Wer beim Abschätzen von Mengen
seine Hände richtig einzusetzen gelernt hat,
wird auch bei geistigen Mengen
das richtige Maß behalten.

Millionen, Planeten, Zeitalter.

Ich spüre die Größe

und arbeite mich vor ins Detail.

Lernen von außen nach innen.
Das Wissen aus dem Material
wird Wissen in mir.
Ich arbeite in meinem Tempo,
ungestört.

Hält es oder hält es nicht?

Beratung, Diskussion, Zusammenarbeit.

Die Architekten der Zukunft müssen

teamfähig sein.

Die freie Wahl der Tätigkeit
ist der Beginn
der Würde des Menschen.

Hilf mir, es selbst zu tun,
dann hilfst du mir,
ich selbst zu werden.

Jedes Kind trägt einen
wachsamen Lehrmeister
in sich.

Die Ruhe dazwischen
weckt ungeahnte Kräfte.

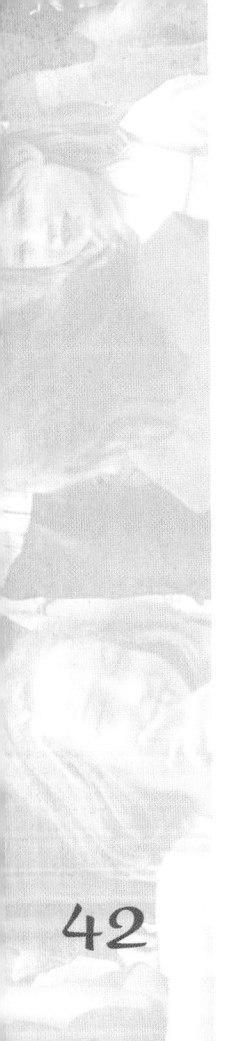

Ich spüre deinen Respekt
und fühle mich gut aufgehoben.

Ich übe das tägliche Leben
in konzentrierter Wiederholung.

44

Mein Körper ist mein größter Schatz.

Was für ein Genuss, ihn zu bewegen.

Wir arbeiten gemeinsam.

Unsere Hände schaffen Ordnung.

Wir arbeiten Hand in Hand.

Mit dem Halt und der Kraft
der Älteren
steige ich höher.

Ich höre die Stille,

den Klang meiner Seele,

die Musik des Himmels.

Bald fliegen wir aus
und erobern die Welt.

Bildkommentare

Bildnachweise und Homepages

Zu den Fotos

Die meisten Fotos wurden in der Montessori Schule und Kinderhaus Innsbruck aufgenommen.

Dies ist ein Kindergarten und eine Schule für 2- bis 15-Jährige. Diese Einrichtung entstand 1996 aus einer privaten Initiative von fünf Familien.

Einige Fotos (Seite 37, 40, 46) stammen aus der Pachamamaschule in Ecuador, die Kinder im Alter von 6 bis 18 Jahren betreut und vom Innsbrucker Ehepaar Veronique und Wolfgang Gorris gegründet wurde.

Montessori Schule Innsbruck: www.montessori-innsbruck.at
Pachamamaschule: www.pachamama-ce.com

Alle Texte und Fotos © Gernot Candolini,
außer Seite 5, 45, 55: Fotos © Bernhard Teißl-Mederer

Farbgläser (Seite 1): Silke Turek